Ruses de renard

LES COMPORTEMENTS HUMAINS DES ANIMAUX

DANNY DE VOS
Illustrations d'ARNOLD HOVART
Traduit du néerlandais par EMMANUÈLE SANDRON

Québec Amérique

Projet dirigé par Virginie Lessard-Brière, adjointe éditoriale

Conception graphique de l'édition originale : ?
Mise en pages : Nathalie Caron
Révision linguistique : Sabrina Raymond
Illustrations : Arnold Hovart

Québec Amérique
7240, rue Saint-Hubert
Montréal (Québec) Canada H2R 2N1
Téléphone : 514 499-3000, télécopieur : 514 499-3010

Nous reconnaissons l'aide financière du gouvernement du Canada.

Nous remercions le Conseil des arts du Canada de son soutien.
We acknowledge the support of the Canada Council for the Arts.

Nous tenons également à remercier la SODEC pour son appui financier. Gouvernement du Québec – Programme de crédit d'impôt pour l'édition de livres – Gestion SODEC.

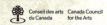

Catalogage avant publication de Bibliothèque et Archives nationales du Québec et Bibliothèque et Archives Canada

Titre : Ruses de renard : les comportements humains des animaux / Danny De Vos ; illustrations, Arnold Hovart ; traduction, Emmanuèle Sandron.
Autres titres : Vossenstreken. Français
Noms : De Vos, Danny, auteur. | Hovart, Arnold, illustrateur.
Description : Mention de collection : Albums | Traduction de : Vossenstreken : of hoe beesten soms de mens uithangen.
Identifiants : Canadiana (livre imprimé) 20220008353 |
Canadiana (livre numérique) 20220008361 | ISBN 9782764447581 |
ISBN 9782764447598 (PDF)
Vedettes-matière : RVM : Animaux—Mœurs et comportement—Ouvrages pour la jeunesse. | RVMGF : Albums documentaires.
Classification : LCC QL751.5.D4814 2022 | CDD j591.5—dc23

Dépôt légal, Bibliothèque et Archives nationales du Québec, 2022
Dépôt légal, Bibliothèque et Archives du Canada, 2022

Titre original : *Vossenstreken, of Hoe beesten soms de mens uithangen*
© 2017, Danny De Vos, Arnold Hovart en Van Halewyck
Van Halewyck maakt deel uit van Pelckmans uitgevers nv

Tous droits de traduction, de reproduction et d'adaptation réservés

© Éditions Québec Amérique inc., 2022.
quebec-amerique.com

Imprimé au Canada

Table des matières

Pas dans ton nez ! 6

Au voleur ! 18

Les mésanges laitières 32

Stop au harcèlement ! 42

À cache-cache 50

Les graffitis 60

C'est pas beau de mentir ! 70

Le chouchou à sa maman 80

Dans les pommes ! 90

Comment est né ce livre ?

« De Vos ! avait crié Ria, mon enseignante. Tu ne vas pas jouer au plus rusé avec moi ! »

Il faut savoir que mon nom, De Vos, signifie « le renard » dans ma langue. Madame Ria trouvait donc que je me comportais comme un renard. Mais était-ce moi qui étais rusé comme un renard ou les renards qui étaient aussi rusés que les humains ? Qui imitait qui ?

J'ai eu l'intuition que mon enseignante n'avait pas tout compris quand je me suis retrouvé nez à nez avec un renard, un vrai. Il avançait d'un pas rapide dans une rue embouteillée de Londres, comme s'il se rendait à son travail. Je me suis mis à le suivre. Il s'est arrêté à l'arrière d'un restaurant de hamburgers. Il a attendu que le cuisinier quitte ses fourneaux, puis il s'est faufilé à l'intérieur. Et là, le renard a volé une boîte pleine d'ailes de poulet avant de déguerpir sans demander son reste.

Je l'ai retrouvé un peu plus tard dans un parc. Il prenait sa pause dîner ! C'est là que j'ai compris. Ce renard mangeait sur le pouce à l'heure de midi exactement comme toutes les Londoniennes et tous les Londoniens.

Je me suis alors lancé dans une grande enquête sur ce sujet passionnant : y a-t-il d'autres animaux qui jouent aux humains ? Et si oui, pourquoi ?

Questions difficiles...

Les experts que j'ai rencontrés ne m'ont été d'aucune utilité. Il faut dire qu'ils s'intéressent soit au comportement humain des humains, soit au comportement animal des animaux, mais jamais au comportement humain des animaux.

J'ai fini par comprendre que si j'avais vu ce renard adopter un comportement humain – par hasard, certes, mais quand même –, c'était à moi d'y réfléchir et à personne d'autre.

Je devais partir à la chasse aux informations. Pour cela, j'allais devoir observer des animaux, interroger des gens qui vivent parmi eux en pleine nature et, surtout, surtout, lire un tas de livres.

Ce que j'ai appris m'a stupéfié.

En y prêtant attention, on se rend compte que de nombreux animaux adoptent des comportements qu'on croit réservés aux humains. Je raconte ici ceux qui m'ont le plus amusé.

Te reconnaîtras-tu dans l'orque, le suricate ou la poule ?

Je l'ignore. Mais je fais le pari que tu te regarderas autrement quand tu auras lu ce livre ! Et Ria, mon enseignante, aussi.

Professeur Renard

PAS DANS TON NEZ !

Journal d'Asie

Népal
10 octobre

Eu une belle conversation avec un moine bouddhiste hier. Je l'ai revu au parc aujourd'hui. Enfin, je croyais. Ce crâne rasé, cette robe rouge... Oui, c'était presque lui... Sauf que je n'avais pas fait attention à ce petit détail : son nez. J'ai été un peu gêné de mon erreur.

Mes nouveaux amis se ressemblent tant qu'ils ont développé cette habitude : quand ils se rencontrent, ils regardent leur nez très attentivement, car l'appendice nasal serait plus reconnaissable que la bouche ou les yeux. Merci pour le conseil ! Désormais, c'est toujours ce que je regarde en premier chez un individu !

12 octobre

Prairies et tourbières au pied de l'Himalaya. Aucun être humain en vue.

Quand je croise un animal, je regarde d'abord son « nez », désormais.

La trompe de l'éléphant d'Inde, le museau de l'ours lippu ou du pangolin et surtout la corne du rhinocéros : quels beaux spécimens ! Merci à ce moine de m'avoir ouvert les yeux !

Depuis que je suis revenu de ce voyage en Asie, j'ai accroché au mur de mon bureau une dizaine de photos de nez, de museaux ou de groins de toutes les couleurs et de toutes les formes. De pures merveilles !

Quel bonheur ça doit être d'aller fouiller tout au fond de pareils nez ! Enfin, il faut des doigts pour ça ! Or, rares sont les animaux qui en ont. C'est vraiment dommage !

Rhinocéros (Rhinocerotidae)

Piquebœuf (Buphagus)

Éléphant d'Asie (Elephas maximus)

Sanglier (Sus scrofa)

Ours lippu (Melursus ursinus)

Saïga (Saiga tatarica)

Pangolin à courte queue (Manis pentadactyla)

Éléphant de mer (Mirounga)

Élan (Alces)

Regarde les singes et les gorilles ! Eux, ils ont des doigts ! Et bien sûr ils s'en servent pour explorer leurs narines à la recherche de mille et un trésors.

Ils ne manquent pas d'étudier attentivement leur récolte, puis de la goûter avec délectation.

Allez, ne me dis pas que tu ne fais pas pareil ! Bon, d'accord, peut-être pas la troisième étape… Mais la première et la deuxième ? Allez, avoue !

Les adultes se mettent le doigt dans l'œil s'ils croient pouvoir apprendre aux enfants à ne pas se fouiller dans le nez. Ce n'est pas en le leur interdisant qu'ils y arrivent, en tout cas ! De toute façon… les adultes aussi explorent leurs narines, quand ils croient que personne ne les regarde !

Les animaux, ça ne servirait à rien non plus de leur interdire de trifouiller dans leur nez. Pourquoi ? D'abord, parce qu'ils n'ont pas de mouchoirs. Ensuite, parce qu'ils trouvent qu'il n'y a rien de tel que des narines bien propres ! Miam miam, les croûtes !

Et puis, leur nez est, disons, toujours à portée de doigt… à condition d'en avoir, des doigts.

Le plus chanceux que j'ai rencontré dans ce domaine, c'est le nasique ! Regarde un peu la taille de son pif !

Et les oiseaux, alors ? Et les autres animaux, ceux qui n'ont pas de doigts ?

Ils sont condamnés à voler, nager, courir et marcher le bec ou le museau plein de morve ?

La réponse est non ! Car la nature trouve des solutions à tout… même si ce sont des solutions… euh… peu ragoûtantes.

Les oiseaux, disons, profitent des courants d'air… Quant à la girafe, elle est championne du nettoyage ! Comment fait-elle ? Eh bien… Disons qu'elle a une très longue langue très mobile et que ses narines ne sont pas loin. En deux temps, trois mouvements… hop ! c'est fait !

Pivert (Picus viridis)

Quoi ? Ça te donne des haut-le-cœur ? C'est que tu n'as jamais observé un chien attentivement. Bien sûr, il n'a pas de doigt pour fouiller dans sa truffe, et sa langue est trop courte pour qu'il fasse le coup de la girafe. Il n'empêche qu'il lui arrive de se donner un coup de lèche pour se nettoyer l'extérieur du museau. Et s'il ne parvient pas à visiter l'intérieur de son propre appendice nasal, il peut toujours explorer celui des autres ! Le tien, par exemple.

Tu n'as jamais remarqué que ton fidèle compagnon à quatre pattes essaie de te libérer le nez quand tu souffres d'un rhume ? En toute amitié, bien sûr ! Une chienne peut d'ailleurs aussi moucher un chiot qui souffre de refroidissement… Si c'est pas mignon, ça !

Mais… est-ce bien raisonnable, d'aller fouiller dans son nez ?

… Pas vraiment !

Ça peut même être dangereux pour la santé ! De nombreux nez, becs ou museaux sont en effet le siège d'une bactérie, le staphylocoque doré, qui est responsable de pas mal de maladies ou d'infections chez l'être humain et chez l'animal.

Imaginons que quelqu'un fouille dans son nez… Ce quelqu'un va ramener des bactéries sous ses ongles. Il suffira qu'il ou elle touche quelqu'un d'autre avec la main et que ce quelqu'un d'autre aille à son tour se curer le nez pour que la bactérie se paie un petit voyage de nez à nez… Et, avec elle, telle ou telle maladie…

Et pourtant, ça n'empêche pas les humains et les animaux de continuer à farfouiller dans leur nez ! Pourquoi ? Va savoir !

Peut-être juste parce que c'est amusant ?

Oui, mais bon euh… Et les animaux qui n'ont pas de doigts et pas de langue assez longue, alors ? Eh bien ! Ceux-là doivent se faire une raison et apprendre à se priver d'un des grands plaisirs de la vie !

FIN

Staphylocoque doré

10 micromètres

AU VOLEUR !

Journal d'Afrique

Zimbabwe

11 août

Dressé la tente ce matin. Puis marché jusqu'aux chutes Victoria. Rideau d'eau de près de deux kilomètres de large ! C'était magique.

Repéré des éléphants le long du fleuve Zambèze.

Quand je suis revenu à ma tente, la fermeture éclair était ouverte, et tout était sens dessus dessous. Mon sac à dos était vide. Mon duvet avait disparu.

La police était hilare quand je suis allé porter plainte : « Demain matin, cachez-vous près de votre tente. Les voleurs vont revenir et vous pourrez les attraper ! »

Ça m'a intrigué. J'ai eu froid, sans mon duvet.

12 août

Passé la matinée caché dans un arbre à observer ma tente. Je n'en ai pas cru mes yeux. Un troupeau de babouins s'est approché. Ils ont remonté la fermeture éclair, sont entrés et ont tout remué dans un fracas indescriptible. Ils sont ressortis de ma tente avec une bouteille d'eau, un paquet de biscuits et deux paires de chaussettes.

Les journaux regorgent d'articles sur des braquages et des cambriolages. Les coupables sont toujours des êtres humains. Alors j'ai vraiment été stupéfait de voir ces babouins se comporter comme une bande de malfrats. Il y en a même un qui est resté devant la tente à faire le guet ! Ils ont dû me trouver débile de ne pas avoir mieux caché mes affaires.

C'est la première vraie leçon que m'a inculquée ce voyage dans la nature : il arrive aux animaux de voler. Et quand ils le font, c'est délibérément, intentionnellement.

Quoi ? Tu ne me crois pas ? Tu n'as jamais surpris ton chien en train de chiper une saucisse dans ton assiette ? Ah ! Tu vois !

Le monde animal grouille de pickpockets. Ils s'en sortent généralement ni vu ni connu, même s'ils laissent traîner des indices partout. Bien sûr, la police ne les impressionne pas !

La mouche scorpion figure assurément parmi les plus grands voleurs du monde animal. Il ne faut pas craindre son dard venimeux, elle n'a du scorpion que le nom. Il s'agit néanmoins d'un insecte carnivore. Pour séduire une femelle, le mâle lui apporte quelque chose de bon à manger – un moustique mort, par exemple.

①

Sarcophaga carnaria

②

Panorpa communis

③

Androctonus crassicauda

Stan

Pour la mouche scorpion femelle, c'est un cadeau irrésistible. Elle est persuadée que le mâle a déployé mille ruses pour attraper ce moustique, rien que pour ses beaux yeux. Elle ignore qu'il est très paresseux.

Prenons l'exemple de Jef, un scorpion mouche mâle moyen. Il est tout à fait du genre à inventer un tour de passe-passe pour piquer un moustique à un autre mâle, appelons-le Stan, plutôt que de faire l'effort de partir lui-même à la chasse. Stan, lui, s'est tapé tout le boulot. Il se réjouit déjà de voir la mine charmée de la mouche scorpion qu'il courtise lorsqu'il lui offrira son beau moustique tout frais.

Jef a repéré Stan avec son moustique. Il use d'un stratagème vieux comme le monde des mouches scorpions : il se déguise en femelle ! Il bat des ailes d'une manière aguicheuse et remue le popotin exactement comme les mouches scorpions femelles du quartier.

Stan, qui ignore que l'amour rend aveugle, a les yeux tout embués de petits cœurs. Il ne se rend pas compte qu'il ne se trouve pas devant son amoureuse, mais devant un rival sournois.

Stan approche.

Jef lui arrache son cadeau des pattes et file l'offrir à une femelle pour la séduire. Il a intérêt à voler très vite, car aucune mouche scorpion mâle n'apprécie qu'on lui dérobe ainsi une proie.

Toi, ça te plairait ?

C'est un entomologiste (un spécialiste des insectes) américain qui a découvert ce truc il y a plus de trente ans. C'était la première fois qu'on voyait un insecte se comporter comme s'il appartenait à l'autre genre… Et pour commettre un larcin, en plus !

La mouche scorpion est vraiment une exception. En général, les animaux ne volent que pour se nourrir ou pour se constituer un stock de nourriture. Par exemple, les merles et les étourneaux ont souvent des démêlés avec des horticulteurs qui refusent de les laisser prendre des cerises dans leurs vergers. Les gourmands volatiles ne voient pas où est le mal… C'est qu'ils n'ont pas vraiment le sens de la propriété. En revanche, ils savent, comme les babouins, qu'il est plus efficace d'agir en bande !

Voilà qui me fait penser à ma rencontre mémorable avec un animal qui a mauvaise réputation en Afrique : les hyènes. J'aurais peut-être pu défendre le contenu de mon sac à dos contre une hyène isolée. Mais cette fois-là, quand elles ont été tout un groupe à s'approcher de moi à la tombée du jour, je t'assure que j'ai battu le record du deux cents mètres !

Les hyènes préfèrent souvent laisser la chasse à d'autres espèces, plus courageuses. Elles se contentent alors de récupérer les charognes que d'autres ont laissées derrière eux, profitant ainsi du fruit de leurs efforts.

Chez nous, sur la plage, les mouettes ne font pas autre chose. Elles attendent qu'un oiseau attrape un poisson pour le lui chiper. Facile !

Si tu as déjà été victime d'un vol, tu sais à quel point cela peut s'avérer frustrant, mais les voleurs s'en contrefichent éperdument.

Tu crois que les renards qui volent des poules ont pitié des gens à qui elles appartiennent ? Non, et ils n'éprouvent pas non plus de culpabilité. Pour eux, les gens n'ont qu'à mieux protéger leurs affaires s'ils ne veulent pas qu'elles disparaissent.

Certains humains tiennent exactement le même raisonnement. S'ils repèrent un sac à main ou un téléphone dans une voiture, hop ! L'occasion fait le larron. Dans le règne animal, c'est pareil. Quand ils voient quelque chose qui les attire, les animaux se servent, point. On observe ça particulièrement chez les chiens. C'est pour ça que, quand ils trouvent un os, ils l'enterrent au jardin. Histoire que personne ne le leur chipe !

Bref, les animaux ne volent pas pour s'enrichir. Quoi ? Et la pie ? C'est vrai qu'on dit qu'elle chaparde volontiers des bijoux et des objets brillants… Mais en général, les animaux volent pour survivre. Quoique… Je n'ai jamais compris ce que les babouins avaient l'intention de faire avec mes chaussettes !

FIN

LES MÉSANGES LAITIÈRES

Journal de Londres, gare internationale de Saint-Pancras

3 novembre

Parti pour Moscou la semaine dernière.

Passé un nombre incroyable d'heures à attendre dans des halls de gare, à boire des cafés et à observer un animal typique de ce biotope : le pigeon.

Il y a en a partout, ils se ressemblent tous et ils sont toujours en train de chercher à manger. Et surtout : ils se surveillent constamment les uns les autres.

Varsovie. Un pigeon découvre un hamburger tombé sur le sol. Aussitôt, vingt autres de ses congénères se posent à côté de lui pour prendre part au festin.

Berlin. Un enfant partage sa tartine avec un pigeon. En quelques secondes, le voilà entouré d'une nuée d'oiseaux.

Paris. La serveuse me confie qu'elle n'offre plus de biscuit avec le café pour éviter que sa terrasse ne soit envahie de volatiles. « Il suffit qu'un pigeon trouve une miette pour qu'il y en ait aussitôt une vingtaine qui arrive en réclamant leur part ! »

On dit que les singes se singent entre eux. Les pigeons aussi, donc. Et les autres animaux ?

Ça t'arrive de prendre quelqu'un pour modèle ? Un ami, ou quelqu'un de ta famille ? Ou quelqu'un que tu ne connais pas personnellement ? Un chanteur, par exemple ?

C'est fort probable, même si tu ne t'en rends pas compte. Les humains sont des êtres sociaux – autrement dit, ils sont curieux les uns des autres, ils s'observent. En cachette, ou plus ouvertement.

Que font les autres ? Et comment ?

Si c'est la première fois que tu achètes un billet de train à une borne automatique, ce sera plus facile en regardant comment procède quelqu'un d'autre. YouTube doit en grande partie son succès à ce principe. Un tas de gens y montrent comment ils ou elles font un tas de trucs. Un tour de magie, un air de guitare, une omelette… La Toile est pleine de spécialistes en ceci ou cela qui te montrent le dessous des cartes. En imitant leur exemple, tu deviens beaucoup plus intelligent. Alors, si tes parents rouspètent sous prétexte que tu perds ton temps devant ces vidéos, dis-leur que tu observes tes contemporains pour en apprendre quelque chose.

Ajoute que l'équivalent de YouTube existe dans la nature.

Ils ne te croient pas ?

Raconte-leur l'histoire des mésanges laitières !

Ils n'en ont certainement jamais entendu parler, parce qu'elle s'est passée bien avant la naissance de tes grands-parents.

Cette histoire débute il y a plus d'un siècle, en Angleterre, à une époque où de plus en plus de gens quittaient la campagne pour aller s'installer en ville. Ils voulaient se rapprocher de leur lieu de travail. L'avantage, c'est qu'ils perdaient beaucoup moins de temps dans les transports. L'inconvénient, c'est que les fermes étaient loin. Comment se procurer du lait ?

C'est alors que quelqu'un eut un trait de génie : il décida d'acheminer le lait chez les gens. Tous les matins, il déposait un bidon devant leur porte. Une fois par semaine, il se présentait à eux pour être payé.

Ce premier laitier fut vite imité par d'autres, et très rapidement la distribution du lait s'organisa ainsi en Angleterre. Ce premier laitier, autrement dit le laitier 1.0, avait été pris pour modèle par un tas de livreuses et de livreurs.

Aujourd'hui, on ne voit plus de bidons de lait devant les portes en Angleterre. Pourquoi ? À cause des animaux ! Les chats, les souris, les hérissons… tous plongeaient leur museau dans le bon lait frais. Ils connaissaient exactement l'heure du passage du laitier. C'est bien simple, ils l'adoraient !

Sauf que quand il s'agissait de payer la facture, il n'y avait plus personne !

Alors, le laitier a essayé autre chose : il a mis le lait dans des bouteilles en verre. Le goulot était trop étroit pour que ces petits coquins y trempent encore leur museau !

Ça a marché un certain temps. Jusqu'au moment où quelqu'un s'est rendu compte qu'on buvait quand même dans sa bouteille de lait ! Le diamètre du goulot des bouteilles était juste assez grand pour y laisser passer… une tête d'oiseau ! Très vite, on s'est aperçu que les mésanges étaient de grandes consommatrices de lait. Et les rouges-gorges aussi ! Ils voletaient de bouteille de lait en bouteille de lait !

Évidemment, ces oiseaux ne buvaient que quelques minuscules gorgées, donc ce n'était pas si grave, mais certains humains n'aimaient pas du tout l'idée que des volatiles trempent ainsi leur bec dans leur lait sans être passés par la case « salle de bain ».

C'est ainsi que notre laitier du début a eu une autre idée : mettre un bouchon aux bouteilles de lait !

Les laitiers ont fermé leurs bouteilles avec un couvercle en carton ou en feuille d'aluminium comme on en voit encore aujourd'hui sur certains pots de yogourt.

Il était écrit « appuyer ici » au milieu de l'opercule, car à l'époque, tout le monde ne savait pas encore comment les ouvrir. Je l'ai dit, cette histoire s'est passée il y a très, très longtemps.

Et là, quelque chose d'incroyable est arrivé.

Les gens ouvraient leur porte, prenaient leur bouteille de lait et au moment où ils voulaient enfoncer le milieu du couvercle, ils se rendaient compte qu'il y avait déjà un trou dedans. Juste à l'endroit où figurait l'inscription « appuyer ici » !

On a d'abord cru que c'était un coup des enfants, parce qu'on commence toujours par accuser les enfants. Mais il n'a pas fallu longtemps pour trouver les vrais coupables.

C'étaient les mésanges ! Pas les rouges-gorges, non. Les mésanges.

Personne ne comprenait comment c'était possible. Avaient-elles appris à lire ?!

Appelés à la rescousse, les scientifiques sont arrivés à la même conclusion : les mésanges étaient les coupables, et elles seules.

Un ornithologue plus malin que les autres comprit le pourquoi du comment.

Les mésanges étaient capables de se singer, pas les rouges-gorges.

À sa grande surprise, l'ornithologue observa que les mésanges avaient une famille étendue et un très large cercle d'amies et qu'elles adoraient se déplacer en bandes. Elles accueillaient volontiers les amies de leurs amies et ne s'opposaient pas aux échanges d'un cercle amical à un autre.

Il avait suffi d'une mésange intelligente. Elle avait compris qu'il fallait ouvrir l'opercule, et le lendemain matin tout son groupe l'avait imitée. Quelques mésanges étaient allées porter la bonne parole dans un autre groupe, et le truc s'était répandu dans tout le peuple des mésanges. Exactement comme entre les spectateurs d'une chaîne YouTube !

Et si les rouges-gorges étaient restés en dehors du coup, c'est parce qu'ils sont plutôt solitaires comme oiseaux. Ils préfèrent la jouer solo.

Bien sûr, il se peut que l'un ou l'autre rouge-gorge ait lui aussi compris le truc. Mais celui-ci ne s'est pas répandu comme une traînée de poudre, en raison de leur manque de vie sociale.

Bref, les médias sociaux, une perte de temps ? Pas dans la nature, en tout cas !

FIN

Mésange charbonnière (Parus Major)

STOP AU HARCÈLEMENT !

Journal d'Amérique latine

Chili

5 juillet

La réalité est souvent différente de ce qu'on s'imagine. Je rêvais de partir à pied à l'assaut des volcans de la cordillère des Andes. J'imaginais emprunter des sentiers cailloux à la découverte du mystérieux condor.

Il fallait que je voie ce rapace dont les ailes ont une envergure de trois mètres ! Après ça, je voulais redescendre jusqu'à l'océan Pacifique pour aller observer les baleines.

Finalement, j'ai pris un bus. Tout bêtement.

Quant aux condors, rien de bien trépidant ! Les observer, c'est aussi palpitant que de regarder un deltaplane...

Allongé sur le dos, je me suis endormi. À mon réveil, un monstre énorme tournoyait en cercles de plus en plus rapprochés au-dessus de ma tête. Comme je n'avais pas envie de finir en collation, j'ai pris mes jambes à mon cou !

Condor des Andes
(Vultur gryphus)

6 juillet

Cette anecdote a bien fait rire mon ami Matteo, qui m'hébergeait.

« Tu veux de l'action ? m'a-t-il demandé. Va observer des poules ! Elles sont beaucoup plus intéressantes que les condors ! »

Il avait raison.

Il se passe toujours quelque chose au poulailler.

Une poule picore des grains de maïs. Une autre poule s'approche : elle veut absolument les lui chiper. Les voilà qui se disputent à coups de bec ! Puis elles s'approchent d'une troisième qui se contentait de rêvasser en regardant dans le vide. Elles lui flanquent la frousse de sa vie en criant ou en battant des ailes sous son nez.

Je trouve ça passionnant. C'est décidé ! Quand je rentrerai chez moi, j'aurai un poulailler !

Pour l'instant, je veux d'abord observer les baleines.

POULE MOUILLÉE !

Poule (Gallus gallus domesticus)

Je me souviendrai donc toujours du condor, car c'est grâce à lui que je me suis fabriqué mon poulailler observatoire. En étudiant mes poules, j'ai pu confirmer mon hypothèse : elles passent bien leur temps à se chamailler.

Tu penses peut-être qu'elles ne le font pas exprès et que ce ne sont que des animaux stupides ?

Dans ce cas je t'invite à procéder toi-même à l'expérience. Ce que tu vas voir ne va pas être joli joli, je te préviens.

Pour ma part, j'ai vite compris qu'il y a toujours une poule qui fait la cheffe et une poule sur qui tout le poulailler s'acharne. Les autres ne se privent pas de la harceler. Elle demeure seule, on ne lui laisse presque rien à manger et elle doit rester constamment sur le qui-vive, car si la cheffe a décidé de l'embêter, les autres vont fondre sur elle comme un seul homme – enfin, comme une seule poule.

Y a-t-il aussi du harcèlement dans le monde sauvage ? Ou ce comportement n'apparaît-il que chez les animaux en captivité ?

Pour le savoir, je me suis intéressé aux meutes de loups. On appelle « alpha » le mâle ou la femelle dominante. C'est le loup ou la louve qui décide, et les autres suivent : ce sont les « bêtas ». Tout en bas de l'échelle, il y a l'individu « oméga ». Celui-là reçoit des coups de patte et doit manger après tous les autres individus de la meute. C'est le souffre-douleur.

C'est bien triste à dire, mais sans lui, les autres loups et les autres louves se disputeraient davantage, créant de la division au sein du groupe. La cohésion de la meute serait en danger – et la survie des individus eux-mêmes, car un loup ou une louve solitaire est beaucoup plus vulnérable.

Loup (Canis lupus)

Si tu regardes un loup «oméga» de près (ce que je te déconseille fortement !), tu verras que le pauvre a le corps couvert de cicatrices et de morsures, et que des touffes de poils lui ont été arrachées ici et là. Une meute compte parfois deux mâles «omégas». Dans ce cas, ils cherchent à se venger l'un sur l'autre.

Un proverbe romain dit que l'homme est un loup pour l'homme. Traduction : les humains ont pour habitude de se comporter méchamment à l'égard des plus faibles du groupe. Les gens de l'Antiquité savaient de quoi ils parlaient puisqu'ils voyaient encore de nombreuses meutes de loups autour d'eux.

Pas d'élections démocratiques chez les loups ! Le chef se hisse au sommet en vertu de la loi du plus fort : en distribuant les coups et en harcelant les autres. Plus il se montrera violent, plus ses chances de réussite seront grandes, car les autres individus de la meute auront peur d'être pris pour cible.

Quand un nouveau maître s'impose, la vengeance à l'égard de celui qu'il vient de détrôner est terrible. Car il y a toujours bien un membre de la meute qui se souvient des coups qu'il ou elle a reçus sous le règne précédent et qui s'en donne alors à cœur joie.

Si tu connais un petit chef, tu sais combien d'enfants rêvent de lui donner la raclée de sa vie. Œil pour œil, dent pour dent… comme à l'état sauvage !

Mais non ! Entre humains, ça ne va pas si loin : nous ne sommes pas des bêtes et nous le savons. Sauf les harceleurs, va savoir pourquoi !

Journal de New York

10 juillet

Chaleur suffocante dans la ville. Au musée, au restaurant de hamburgers, au centre commercial – partout, la même cohue, le même bruit. Où que je porte mon regard, je vois des gens, des gens, des gens assis, debout, qui se déplacent à pied ou en voiture...

New York est une jungle de pierre et d'acier.

J'aime cette ville, mais les végétaux et les animaux de la vraie jungle me manquent. De temps en temps, j'aperçois un chien en laisse, quelques écureuils au parc... C'est ça, la faune de New York, et rien d'autre?

Non! Dans une petite bouquinerie, je trouve un livre qui parle de la faune urbaine locale. Captivé par ma lecture, je laisse mon café refroidir. Il y aurait des putois, des ratons laveurs, des renards et des coyotes à New York! Ils se sont si bien acclimatés à la vie en ville qu'ils ne pourraient plus survivre si on les relâchait en pleine nature.

Ils sont devenus dépendants des ordures ménagères des humains. Mais ils préfèrent vivre cachés. Ils sont là, invisibles...

Vraiment? J'aurai le fin mot de l'histoire!

La cachette parfaite : n'est-ce pas ce dont nous rêvons tous ? Ah ! Avoir un endroit à soi où se goinfrer de bonbons, roter et se gratter le derrière ni vu ni connu ! Un petit coin tranquille où se réfugier quand on est triste, qu'on se sent impuissant ou qu'on a peur !

Quand il y a un danger, les humains se réfugient dans une cave, un abri, un lieu sûr… « Si personne ne me trouve, je suis en sécurité », pensent-ils. C'est vrai que, dans des conditions extrêmes, mieux on est caché, plus on a de chance de survivre.

Les animaux fonctionnent selon la même logique. Beaucoup sont passés maîtres dans l'art de se dissimuler.

Parcours cent mètres dans la jungle : des dizaines de paires d'yeux t'observent, alors que toi, c'est tout juste si tu repères une colonie de fourmis !

Serpents, araignées, léopards… tous restent à couvert, car ils sont plus en sécurité ainsi. L'ennemi peut fondre sur eux de n'importe où, à tout moment. Pourquoi se mettraient-ils en danger, eux et leurs petits, en se déplaçant au grand jour ?

Certaines espèces animales font même tout pour rester cachées en permanence.

Lesquelles ? Euh… difficile de répondre, car personne n'a encore repéré les plus habiles à ce jeu !

L'humain a découvert environ 1,3 million d'espèces animales, dont 1 million d'insectes. Mais d'autres spécimens restent toujours soigneusement tapis quelque part…

Autant dire que les biologistes s'en donnent à cœur joie. Quand ils vont camper dans la nature, ils finissent toujours bien par dénicher une mouchette ou une limace jusqu'alors inconnue ! Dans ce cas, c'est à eux qu'il revient de nommer leur découverte.

C'est ainsi que les chercheurs ont nommé Drogon une nouvelle espèce de fourmi découverte il y a peu, parce que son apparence hérissée de piquants leur faisait penser aux dragons de *Game of Thrones* ! *Savannasaurus elliottorum*, un dinosaure qui a vécu il y a 95 millions d'années, a quant à lui été baptisé d'après un certain David Elliott, qui en a découvert les premiers ossements !

N'y aurait-il pas une espèce animale – ou deux ? – qui aurait pu échapper à toutes les investigations, mais aussi à toutes les météorites, à tous les tsunamis, à tous les tremblements de terre en se réfugiant dans une cachette encore plus secrète que les autres ? Un endroit à l'abri des regards et à l'épreuve de toutes les catastrophes naturelles ?

N'a-t-on pas entraperçu une silhouette proche du grand singe au Tibet ? Ou une créature discrète qui vivrait dans les profondeurs d'un lac d'Écosse ? Mieux, n'y a-t-il pas quelques photos prises dans la brume qui pourraient nous le prouver ?

Un jeune chercheur américain bien décidé à partir à l'affût d'un animal plus sérieux que le Yéti ou le monstre du Loch Ness était obsédé par un animal qu'on ne connaissait alors qu'à l'état de fossile. Certes, un insecte pouvait passer inaperçu, mais un mammifère vieux de plusieurs millions d'années? Il s'est mis à fouiller. Pas la terre, mais les caves poussiéreuses des musées d'histoire naturelle et les pages tout aussi poussiéreuses des vieux livres. Il a ainsi retrouvé cinq espèces qui existent depuis près de cinquante millions d'années. Les crocodiles, par exemple. Son fameux fossile pouvait-il être celui d'un crocodile?

En écumant les collections du monde entier, le jeune chercheur est parvenu à retrouver onze éléments qui semblaient tous provenir du même mystérieux mammifère: bouts de fossiles, dents ébréchées, morceaux d'os… La plupart avaient été retrouvés sur une île tropicale de l'océan Atlantique, où plusieurs zoologues avaient déjà tenté en vain de mettre la main sur le fameux animal. Le coquin leur glissait toujours entre les doigts. Pourtant, ils lui avaient déjà donné un nom: Zenkerella. Ils se l'imaginaient vaguement comme une sorte d'écureuil.

C'est alors que le chercheur américain a envoyé un biologiste aventurier en mission sur cette fameuse île.

Si une foule d'animaux rares et magnifiques y vivaient dans une nature luxuriante, pas le moindre petit Zenkerella à l'horizon! Les recherches ont duré près d'un an. Le biologiste était sur le point de rentrer bredouille aux États-Unis lorsqu'un chasseur l'avertit qu'on avait trouvé un spécimen dans un piège. Mort.

Zenkerella de dos

Il ressemblait au croisement d'un Pokémon et de Batman.

Ce mystérieux mammifère avait réussi à se cacher des hommes pendant plusieurs millions d'années !

Était-ce là la fin du mystère ? Absolument pas ! Car jusqu'à présent, personne n'est encore parvenu à voir un Zenkerella vivant.

Comment se déplace-t-il ? Quand dort-il ? Que mange-t-il ? Comment chasse-t-il ? Tout le monde l'ignore.

La seule chose dont on soit certain à son sujet, c'est qu'il est sacrément doué pour jouer à cache-cache !

FIN

LES GRAFFITIS

Journal du Sahara

Algérie, Libye ou Niger

3 mars

D'après la carte, nous devrions bientôt trouver ici le pays des trois frontières. Mais dans ce désert, je ne vois que du sable, du sable et encore du sable. Dans quel pays sommes-nous ? Aucune idée !

Le chauffeur de la jeep, Abdou, est touareg. Il sait toujours, lui, très exactement où nous nous trouvons. Sans GPS ! « Les frontières sont importantes », dit-il.

Nous escaladons et descendons les collines de sable jusqu'au coucher du soleil.

Une fois la tente dressée et le thé bu au coin du feu, je tombe endormi.

Abdou veille.

4 mars

Au milieu de la nuit, un bruissement le long de la toile de la tente me tire du sommeil. Mais il fait beaucoup trop froid pour que je sorte de mon duvet.

Le lendemain matin, je repère des traces et des taches à l'odeur étrange. De l'urine.

« Un renard du désert ! » dit Abdou. « Il est venu marquer son territoire. »

Maintenant, je sais où nous sommes : au pays du renard du désert !

Qui « marque son territoire », sinon des animaux ? Et tu sais déjà qu'ils le font en déposant un jet d'urine ou des déjections à des endroits choisis.

Ils connaissent pourtant d'autres moyens, qui nous paraissent typiques des humains, d'indiquer leur présence et de prévenir leurs ennemis…

… exactement comme les gangs qui décorent leur quartier de graffitis !

Le message est clair : « Ici, c'est chez moi ! Alors, dégage ! »

Peut-être as-tu déjà gravé ton nom quelque part ? Sur ton banc d'école ou dans l'écorce d'un arbre ? À moins qu'il ne te soit déjà arrivé de griffonner des trucs pas très nets aux toilettes ?

Rien de plus normal ! Ça veut juste dire que tu éprouves de temps en temps le besoin de t'exprimer et que tu le fais de différentes manières… Rien que de très humain, donc.

Il y a plusieurs millénaires, nos ancêtres préhistoriques dessinaient déjà sur les murs ! On en voit des traces un peu partout dans le monde. Durant ma traversée du désert, j'ai vu, imprimés à l'encre rouge sur des rochers, des dessins représentant des animaux dangereux éteints depuis longtemps, ainsi que des lions et des humains.

Pour moi, les plus beaux graffitis datent de l'âge de pierre. Ce sont des empreintes de mains. L'artiste a posé sa main sur la paroi rocheuse, puis il l'a aspergée de poudre de colorant. Résultat : un signe qui nous est adressé depuis la nuit des temps.

Génial, mais à quoi ces mains servaient-elles ? Les a-t-on dessinées pour améliorer la déco ? Malheureusement, il n'y a plus personne qui puisse répondre à cette question !

Comme la plupart des mystères, celui-ci divise les scientifiques. Moi, j'ai l'impression que ces mains sont là pour dire : «Ici, c'est chez moi !» ou «Attention ! Tu entres sur mon territoire !»

J'ai compris cette histoire de marquage de territoire avec mon chien Basile. Quand il a fait ses besoins, il lacère le sol avec les griffes de ses pattes arrière, comme quelqu'un qui s'essuierait les pieds avec ardeur sur un paillasson. Résultat : des traces profondes dans l'herbe, qu'on pourrait presque qualifier d'«empreintes», qui m'ont tout l'air d'être là pour impressionner. «Regardez comme je suis fort et puissant!» dit-il aux autres chiens.

L'odeur de son urine ou de ses déjections a beau s'estomper après quelques heures, ces rayures sur le sol mettent plus longtemps à disparaître. C'est une façon comme une autre de fanfaronner vis-à-vis des autres chiens!

Les humains n'y prêtent pas grande attention, mais les loups, les coyotes et les chiens, qu'ils soient sauvages ou pas, décodent parfaitement ce langage et ne se privent pas de l'utiliser!

Il y a des graffitis d'animaux que les humains n'aiment pas beaucoup. Tu as un arbre à chat dans ton salon ? Non ? Alors, ton chat fait ses griffes sur le divan ? Ah oui, les chats aussi adorent les graffitis, même si ça a moins de sens dans ta maison qu'en pleine nature !

C'est dans ses gènes, il n'y peut rien, alors ne sois pas trop sévère avec lui !

C'est parce qu'il est de la même famille que le léopard, le roi des félidés.

Or, le léopard est passé maître dans l'art du graffiti.

En général, il choisit un arbre au bord d'une route très fréquentée, il se dresse de toute sa hauteur, et il lacère l'arbre de haut en bas avec les griffes de ses pattes avant. Message personnel. Adressé à ses ennemis comme à toutes les léopardes qui traîneraient dans le coin…

Traduction au choix : « Dégage ! » ou « Matou sympa, célibataire, envie d'une balade et plus si affinités », en fonction du lecteur ou de la lectrice.

Plus il y a de léopards sur un territoire, plus ils auront tous soin de laisser çà et là de tels messages. Oui, exactement comme les bandes rivales dans un quartier !

Laisser des graffitis derrière soi permet donc de définir des limites claires. Si tout le monde les respecte, on évite les conflits, ce qui est important pour la survie de l'espèce. Certains animaux sont déjà tellement mis en danger par l'humain qu'ils ont intérêt à ne pas, en plus, s'entretuer !

Les rhinocéros semblent avoir très bien compris cela. Ils font tout pour ne pas se disputer, notamment en érigeant de véritables tours de déjections pour délimiter leur territoire. Pour s'assurer que les autres captent bien le message, ils ajoutent quelques coups de griffes çà et là, ce qui leur permet finalement de tirer assez bien leur épingle du jeu.

La liste des animaux graffeurs est longue, et les traces qu'ils laissent derrière eux sont tantôt très sommaires tantôt très élaborées.

Les chasseurs de graffs sont friands de cette deuxième catégorie, notamment des marques assorties d'une odeur singulière. Cette trace olfactive est produite par les glandes que de nombreux animaux possèdent entre leurs griffes.

J'ai personnellement une préférence pour le travail du lynx du Canada ou pour celui de l'ours noir américain. Ils commencent par planter leurs griffes dans le tronc avant de s'y frotter vigoureusement le dos. Conséquence : l'arbre est également décoré de touffes de poils. Bref, c'est le grand jeu !

Une idée à retenir pour la prochaine fois que tu graveras ton nom quelque part ?

C'EST PAS BEAU DE MENTIR !

Journal de l'océan Atlantique

7 décembre

La chaleur suffocante du désert namibien a bien failli me rendre fou. Plus de 50 °C ! Le jour où j'ai pensé que je ne parviendrais jamais à m'extirper du petit port où j'avais trouvé refuge, j'ai réussi à remonter vers le Nord à bord d'un énorme porte-conteneur.

De temps en temps le mastodonte s'arrête. Les matelots russes jouent aux cartes. Je ne comprends pas un mot de ce qu'ils disent, mais en les observant bien, je les vois ruser ou bluffer pour gagner.

Le capitaine m'a expliqué le truc : il s'agit de duper l'adversaire en lui faisant gober de fausses informations. Quitte à crier ou, au contraire, à ne rien montrer du tout, à garder un visage impassible – ce qu'on appelle très justement une « poker face ».

Tropique du Capricorne
9 décembre

Depuis le pont supérieur, je contemple l'océan. Nous sommes passés par le tropique du Capricorne, mais je n'ai rien vu. Aucune marque dans l'eau, rien. Cette chose existe-t-elle? Est-ce un mythe ou un mensonge? L'idée du mensonge me fascine.

Je repense à ma grand-mère, quand j'étais petit. Elle était tellement fière de sa nouvelle coloration capillaire! Je lui ai dit: «Génial, mamy!» C'était un mensonge pieux, car je ne voulais pas lui faire de la peine. «Les enfants et les animaux ne mentent jamais», avait-elle l'habitude de dire. Pour ce qui est des enfants, je crains que mamy avait tort... Et les animaux, eux? Sont-ils capables de mentir?

J'ai pu commencer mon enquête dès l'escale suivante.

Sur Internet et à la bibliothèque, j'ai appris une foule de choses sur le mensonge. Des tas de gens s'y sont intéressés, des grands professeurs comme des moins grands. Ils ont mené toutes les expériences possibles et imaginables. Leur conclusion: tout le monde ment!

Enfin, presque tout le monde. Il n'y aurait qu'un humain sur cent qui dirait la vérité en toute circonstance. Il y a peu de chances que tu connaisses quelqu'un comme ça, car ceux qui sont toujours honnêtes ont peu d'amis.

C'est même l'inverse: les enfants les plus populaires sont généralement les plus doués pour le mensonge.

Heureusement, mamy ne lira jamais ces lignes. Un petit mensonge bien intentionné est parfois nécessaire si on veut être gentil. On appelle ça un «mensonge blanc».

Toute conversation contient en général au moins un mensonge de la part de chaque interlocuteur. Ce mensonge n'est pas forcément innocent, car la tromperie n'est jamais loin.

On ment facilement à l'oral. On dit un mot pour un autre, et oups! Mais puisque les animaux ne parlent pas, crois-tu qu'ils ne mentent pas, eux?

Ma parole, tu te fais des illusions!

Dans ce port des tropiques, j'ai bavardé avec un garde-forestier qui a proposé de me montrer le parc naturel où il travaillait. J'ai pu y observer un animal expert en mensonge : le suricate, parfois appelé « sentinelle du désert ». Malgré le mot « *cat* » contenu dans son nom, il ne s'agit absolument pas d'un chat, mais d'un singe. Premier mensonge ? Non, parce qu'on ne peut pas dire qu'il y soit pour quelque chose !

Ce qui nous intéresse surtout ici, c'est que le suricate produit de nombreuses vocalises.

Lorsque quelqu'un s'est avisé de les enregistrer, on s'est aperçu que des sens particuliers étaient associés à certains sons. Autrement dit… les suricates ont développé un véritable langage !

Suricate (Suricata Suricatta)

Des observations minutieuses ont permis aux savants de comprendre ce langage, surtout les cris d'alerte.

Il y a ainsi un cri qui signifie : « Attention, un lion ! »

Un autre veut dire : « Oh ! Regarde ! Un aigle ! »

Sans oublier : « Gare au serpent ! »

Comment le savons-nous ? En regardant comment les autres individus du groupe réagissent quand l'un d'entre eux pousse tel ou tel cri.

« Attention, un lion ! » À, les autres suricates grimpent au sommet d'un arbre et s'installent sur une branche trop fine pour qu'un lion ose s'y aventurer.

« Oh ! Regarde ! Un aigle ! » À, les autres suricates se cachent sous un buisson pour être hors d'atteinte d'un ennemi venu du ciel.

« Gare au serpent ! » À, les autres suricates fouillent le sol.

L'arrivée des prédateurs pressentis a confirmé aux scientifiques que leur dictionnaire ne disait pas n'importe quoi.

Sauf que ce n'était pas vrai à 100 %. Parfois, les prédateurs annoncés ne sont pas au rendez-vous. Les serpents, d'accord ! Ils sont si farouches qu'ils préfèrent souvent rester cachés, surtout en présence d'humains. Mais les lions ? Ils sont beaucoup moins impressionnables. Les aigles aussi. Alors les scientifiques ont commencé à se poser des questions sur la validité de leurs observations.

Ils n'avaient pas songé à ce détail : les suricates ne disaient pas toujours la vérité !

Mon garde-forestier m'a fait une petite démonstration que je n'oublierai pas de sitôt. Matériel : une banane.

Il a donné la banane au suricate que nous avons baptisé Tom. Le suricate que nous avons appelé Félix a crié :

« Attention, un lion ! »

Tom a eu si peur qu'il s'est enfui en lâchant la banane.

Félix s'est approché tranquillement, l'a ramassée et s'est régalé.

Bref, Félix était un fieffé menteur ! Il avait inventé cette histoire de lion pour manger !

Tom

Je n'aurais jamais cru possible que des animaux soient capables de manier le langage afin de tromper leurs congénères. Une fois que j'ai compris ça, je suis allé de découverte en découverte.

Le dauphin, par exemple, est si mignon qu'on lui donnerait le Bon Dieu sans confession. Cet animal a ainsi été utilisé par l'armée états-unienne pour repérer des mines dans les fonds marins. Les dauphins qui ont participé à cette action devaient émettre un signal particulier quand ils repéraient une mine. Ils recevaient alors une récompense. Leur entraîneur était fier d'eux jusqu'au jour… où il a découvert que les cétacés se jouaient de lui. Ils émettaient le signal signifiant «j'ai trouvé une mine!» juste pour le plaisir de recevoir une friandise!

J'ignore s'ils ont été chassés de l'armée, mais le programme a été interrompu. Ils n'ont donc pas pu jouer leur petit jeu longtemps.

Non, on ne peut vraiment faire confiance à personne!

FIN

LE CHOUCHOU À SA MAMAN

Journal d'Australie
7 ou 8 janvier

Perdu le compte des jours. La civilisation ne m'a jamais paru si loin. Cent kilomètres ou rien, c'est du pareil au même dans ce désert écrasé de soleil. Un point sur la carte.

Si je meurs ici, les vautours se repaîtront de mon corps demain matin au petit déjeuner. On ne retrouvera jamais mon cadavre.

Pas le moindre être humain. Juste un kangourou de temps en temps.

Pour les bébés kangourous, la brousse est terriblement dangereuse. Il y a des prédateurs partout. S'ils perdent leur maman, ils sont condamnés à une mort certaine.

Mais cela n'arrive que très rarement. Car les bébés kangourous restent bien au chaud dans la poche ventrale de leur mère pendant dix à onze mois. Ils y sont protégés comme nulle part ailleurs.

De vrais chouchous à leur maman !

Ou à leur papa... Car j'ai vu un homme qui avait adopté un bébé kangourou : il le gardait dans son t-shirt !

Le soir, alors que j'observais les étoiles au coin du feu, j'ai repensé à mon enfance.

« Quand est-ce que tu vas finir par te débrouiller tout seul ! » a dit un jour ma mère. Je venais d'avoir douze ans. Elle l'a répété quand j'en ai eu treize. Et quatorze. Et quinze. Et seize.

Je dois dire qu'elle avait un tout petit peu raison.

Chez moi, j'étais un héros, mais en dehors de la maison ?

Ma maman me beurrait mes tartines, préparait mes vêtements, cirait mes chaussures et elle me conduisait à l'école.

Enfin non, elle me déposait à quelques rues de là, et je parcourais les cent derniers mètres à pied. Je voulais donner l'impression à mes amis que je bravais les intempéries chaque matin sur plusieurs kilomètres.

Je voulais que le monde entier me trouve courageux comme un lion, fort comme un ours et malin comme un singe.

En réalité, j'avais secrètement honte, car je ne ressemblais en rien à ce que j'étais vraiment : un chouchou à sa maman, exactement comme le bébé kangourou !

Quand j'ai enfin quitté le désert australien, je me suis rendu en Nouvelle-Zélande. Là, j'ai fait la connaissance du mammifère marin le plus génial d'entre tous : l'orque. En anglais, une orque porte le doux nom de « *killer whale* », autrement dit : la baleine tueuse !

Dès que j'en ai vu une jaillir de l'eau dans un giclement d'écume, j'ai su que je faisais face à la créature la plus puissante du monde.

Tous les jours, je suis parti observer les orques depuis un chalutier, armé d'une simple paire de jumelles.

Voilà une héroïne selon mon cœur ! L'orque règne sans rival sur les mers et les océans, sillonnant inlassablement les courants les plus froids telle une prédatrice sans pitié.

Chaque jour elle affronte des animaux redoutables, comme des requins par bans entiers. Elle doit à son cerveau extrêmement développé de se tirer des situations les plus délicates et de toujours faire les bons choix.

Tu as sans doute remarqué que j'écris « une orque », car en effet le mot est féminin ; on peut aussi dire « épaulard », qui est masculin (la logique de la langue française !).

L'orque ne craint personne, mais tout le monde la craint. La faute à ses dents énormes, grandes comme des canettes de soda, qui ne lui servent pas à mâcher, mais à s'emparer de ses proies. Un phoque en train de se dorer tranquillement au soleil sur un rocher, par exemple. Ou un manchot. Ou une otarie. L'orque n'en fait qu'une bouchée !

J'en étais là de mes réflexions quand un pêcheur a totalement modifié ma vision des orques : « Ce sont des chouchous à leur maman ! »

Quoi ? Vraiment ?! Ces monstres marins feraient-ils des enfants douillets incapables de s'autonomiser ?

Eh bien oui ! D'autres connaisseurs de la mer m'ont confirmé ce fait stupéfiant. L'orque a beau être une tueuse, ses petits restent dans ses jupes presque toute leur vie !

Les juvéniles femelles sont plus débrouillardes que les mâles, c'est vrai, car elles doivent apprendre à s'occuper de leur propre progéniture, logique. Mais les jeunes mâles sont vraiment tout perdus sans leur maman.

Ce qui leur donne tant d'ardeur dans la capture de leurs proies, c'est justement qu'ils savent qu'elle nage juste derrière eux. D'ailleurs, quand un jeune épaulard se retrouve encerclé par des requins, sa mère plonge aussitôt pour venir à son secours. Elle l'aide à la chasse, elle le protège quand il se dispute avec ses amis, même quand il est adulte depuis longtemps.

Bref, s'il y a une chose que les orques craignent par-dessus tout, c'est la mort de leur mère, car elle met immédiatement leur vie en péril. D'ailleurs, la plupart des orques meurent dans l'année qui suit celle de la disparition de leur génitrice. Ils sont incapables de nager cent mètres sans elle !

Dans le règne animal, la plupart des femelles peuvent avoir des petits jusqu'à un âge avancé. Ce n'est pas le cas des orques. Quand elles deviennent infécondes, elles ont encore plusieurs décennies de vie à vivre. C'est grâce à cela qu'elles peuvent veiller longtemps sur leurs fils, sans se préoccuper des soins à donner à de nouveaux bébés.

Une fratrie moins importante garantit toujours une meilleure protection maternelle, c'est ainsi dans toutes les espèces.

Et chez l'humain ?

Quand j'ai eu seize ans, ma mère m'a dit : « Maintenant, fils, tu vas te prendre en main ! Suis l'exemple du poulain ! Il galope dès son deuxième jour ! »

J'ai fait de mon mieux, un peu à contrecœur.

Heureusement pour elle, je ne connaissais pas encore les orques !

DANS LES POMMES !

Journal d'Afrique

Malawi

3 mars

Je traverse le lac Malawi, grand comme la Belgique, sur un petit bateau à moteur. Quand un éclair zèbre le ciel, je me mets à prier que nous atteindrons l'autre côté avant la tempête.

Tout à coup, je repense à Bram, un ami de l'école primaire. Un ami poisson. C'était un cichlidé nain. Un poisson tropical aux couleurs si vives qu'on aurait cru qu'il avait avalé une guirlande de Noël.

Cichlidé nain (Pelvicachromis taeniatus)

Eh bien, Bram venait du lac Malawi, également appelé « le plus bel aquarium d'Afrique ». J'avais eu le droit d'apporter son bocal en classe et je l'avais posé juste à côté du tableau. Un matin, j'étais entré dans la salle pour le nourrir. Quand j'ai allumé, je l'ai trouvé couché au fond du récipient. Mort.

Notre enseignant était vite allé chercher les autres élèves et... QUOI ? Bram s'était remis à nager joyeusement !

Ce jour-là, on a téléphoné à un expert en poissons pour lui demander ce qui s'était passé. Il nous a expliqué que Bram était tombé dans les pommes ! Il avait sans doute eu très peur quand j'avais allumé subitement la salle de classe. C'était comme s'il avait vu un éclair zébrer le ciel.

Ouf ! Nous arrivons ! Je vois l'autre rive se profiler à l'horizon. Derrière moi, l'orage gronde. Le ciel est parcouru d'éclairs. Les cichlidés nains doivent être terrorisés.

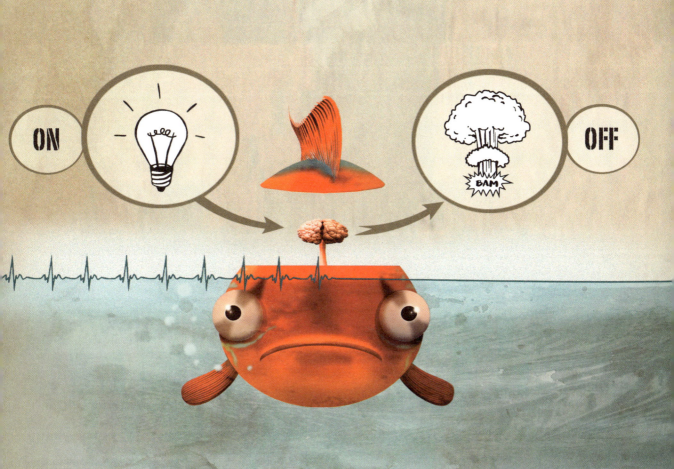

Oui, des animaux qui tombent dans les pommes, ça existe. C'est arrivé un jour à mon chien Basile.

C'était l'heure de son injection. Il avait beau faire le fort, je voyais bien qu'il n'en menait pas large. Il jappait à vous fendre le cœur. Quand le vétérinaire l'a saisi par la peau du cou, il n'a pas supporté. Ses muscles se sont relâchés d'un coup, il a poussé un dernier cri et vlam ! Il s'est évanoui ! Il a même fait pipi sur la table de soins.

J'ai crié : « Il fait une crise cardiaque ! »

Mais le vétérinaire a ri.

« Non non, ne t'inquiète pas ! Il a eu si peur qu'il est tombé dans les pommes ! Ce n'est rien. Ça arrive souvent : chez les canaris, les canards, les souris, et même les insectes ! »

Il ne trouvait pas ça grave du tout. Au contraire, ça l'arrangeait, car il a pu faire son injection bien tranquillement.

J'ai raconté l'histoire de Bram au vétérinaire de Basile.

« Oui, c'est normal. Nous descendons tous du poisson… Toi, moi, Basile… Ça se voit à notre cerveau. Quand nous avons très peur, il s'y produit une sorte de court-circuit. »

Étais-je un jour tombé dans les pommes ? Je ne m'en souvenais pas.

J'ai relu mes journaux de voyage, à la recherche d'un moment où j'avais eu vraiment peur.

Ça m'était arrivé à Cuba, dans les Caraïbes.

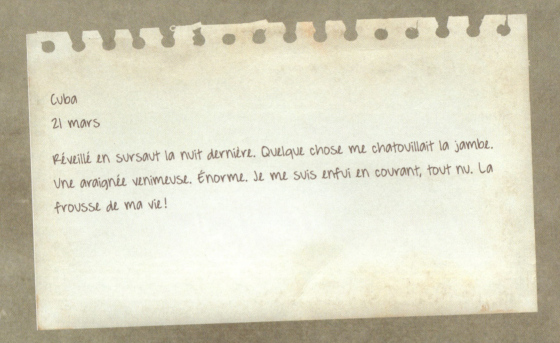

Cuba
21 mars

Réveillé en sursaut la nuit dernière. Quelque chose me chatouillait la jambe. Une araignée venimeuse. Énorme. Je me suis enfui en courant, tout nu. La frousse de ma vie !

Oui, je m'en souvenais, maintenant. Quand les humains et les animaux sont confrontés à un grand danger, leur corps réagit instinctivement. Notre rythme cardiaque s'accélère, notre respiration se fait haletante et un surplus d'adrénaline parcourt nos veines. Cette hormone donne des ailes ! Avec elle, nous sommes prêts à tout : nous battre ou fuir !

Face à l'araignée venimeuse, j'ai pris mes jambes à mon cou, sans réfléchir. Si j'avais été face à ennemi moins dangereux, j'aurais été capable de faire front.

Mais donc, outre la fuite et le combat, il y a une troisième possibilité : la perte de conscience !

Le cœur se met à battre au ralenti et la tension artérielle chute dramatiquement. Le corps s'éteint de lui-même.

J'ai cherché des exemples dans mes carnets. Je suis revenu à nos ancêtres les poissons. Tomber dans les pommes, c'est vraiment une de leurs spécialités !

Ça peut leur arriver quand ils croisent un requin. Leur cœur se met presque totalement à l'arrêt, de sorte que le requin ne remarque même pas la présence d'une proie dans les parages. Si le prédateur entendait battre leur cœur, ils seraient «cuits», sans aucune possibilité de fuir. Ni de se battre, bien sûr.

Donc, l'évanouissement est une stratégie de survie. Il y a même des animaux suffisamment créatifs pour… feindre de perdre connaissance !

Que se passe-t-il quand tu tombes dans les pommes ?

Tu as des taches qui apparaissent devant les yeux.

Tu as des fourmillements au bout des doigts.

Tu transpires.

Tu as la tête qui tourne.

Tu as du mal à respirer.

Tu as les jambes qui flanchent.

Au jardin zoologique, un gardien m'a montré ce phénomène étonnant : les poissons tropicaux s'évanouissent dès qu'ils se retrouvent dans l'épuisette !

En réalité, ils font semblant ! Dès qu'ils pensent que l'épuisette a disparu, ils se remettent en mouvement !

C'est leur manière à eux de tromper leurs ennemis. Car les poissons carnivores veulent de la chair fraîche, ils refusent de se contenter d'une proie déjà morte – elle pourrait être malade, et donc toxique.

Il y a même des poissons qui inversent les rôles. Le poisson-perroquet, par exemple, qui arbore des couleurs vives comme un acteur et qui, d'ailleurs, joue la comédie. Quand d'autres habitants de la barrière de corail le surprennent allongé sur le côté, inerte, ils ne voient pas le danger. S'ils nagent un peu trop près sans précautions, ils paient leur curiosité au prix fort. Car le poisson-perroquet ressuscite d'entre les morts et referme son bec acéré sur sa proie en moins de temps qu'il ne faut pour l'écrire.

Il est donc souvent difficile de savoir si certains animaux s'évanouissent réellement ou s'ils font semblant. Tu as toi-même peut-être déjà fait pareil en prétendant être toujours profondément endormi alors que tu devais te lever tôt !

La libellule femelle est une merveille de délicatesse, de beauté et d'élégance. De nombreux mâles lui font la cour…

Quand elle veut qu'on lui fiche la paix, eh bien, elle feint de passer de vie à trépas. L'âme en peine, les mâles s'éloignent, inconsolables.

Dès que la voie est libre, la belle se relève, défroisse ses ailes et reprend sa petite vie insouciante de libellule.

Bon, ça doit être fatigant de toujours faire semblant de tomber dans les pommes, mais apparemment, ça marche !

FIN

Ruses de renard a été achevé d'imprimer en juillet 2022
sur les presses de l'imprimerie Transcontinental, au Québec, Canada,
pour le compte des Éditions Québec Amérique.